BIBLIOTHÈQUE HISTORIQUE.

(ACTUALITÉS.)

QUATRIÈME ET CINQUIÈME LIVRAISON.

# MARIE CAPPELLE, VEUVE LAFARGE.

PRIX : 50 CENTIMES.

PARIS.

AU BUREAU CENTRAL,

RUE TAITBOUT, 12.

ET CHEZ TOUS LES MARCHANDS DE NOUVEAUTÉS.

1840.

MARIE CAPPELLE, Vᵉ LAFARGE.

# MARIE CAPPELLE, Vᴱ LAFARGE.

Le titre de notre publication (*Actualités*) explique son but. Nous voulons mettre en lumière les personnes et les choses qui présentement jouissent du privilége d'exciter l'attention publique. La politique, l'armée, le théâtre, la littérature, les tribunaux, etc., sont un champ où nous irons glaner; chacune de ces spécialités apportera donc un épi à notre gerbe, quand arrivera pour elle l'heure de la moisson.

Aux fastes judiciaires de nous payer aujourd'hui leur tribut; aussi bien, au milieu des graves préoccupations qui nous agitent, nous ne savons pas s'il n'y avait pas autant d'yeux tournés vers la cour d'assises de la Corrèze que sur l'Orient, où couve le volcan d'où va jaillir peut-être l'étincelle qui doit embraser l'Europe, l'Afrique et l'Asie. Madame Lafarge est-elle innocente? ou madame Lafarge est-elle coupable? sont des questions que l'on s'adresse avec presque autant d'empressement que celles-ci: Aurons-nous la paix? Aurons-nous la guerre? Nous n'entreprendrons cependant pas une tâche déjà faite, celle de reproduire tous les incidents de ce procès si plein d'émotions, si fécond en péripéties, en changements inespérés, inattendus, et qui vient d'avoir un si tragique dénouement ; nous ferons seulement connaître l'accusée, en essayant d'esquisser sa biographie.

Marie-Fortunée Cappelle est née à Paris, dans le courant de l'année 1816, et est par conséquent âgée de vingt-quatre ans. Son père était colonel d'artillerie. S'il faut en croire les faiseurs de chroniques contemporaines, il est dans l'origine de sa famille maternelle une circonstance qui projette sur son berceau l'éclat du plus haut rang qu'on puisse citer aujourd'hui. Nous ignorons jusqu'à quel point ces bruits sont fondés ; nous les mentionnons sans en garantir l'authenticité. Quoi qu'il en soit, et laissant de côté cette hypothèse, qui peut ne reposer que sur des bases imaginaires, nous nous contenterons de dire qu'elle tient à des familles placées dans les positions les plus élevées de la société. Madame Lafarge est nièce de M. Garat, directeur de la banque de France ; de M. Martens, et belle-sœur de M. de Violaine. Une partie de sa jeunesse s'est passée dans les plus hautes régions du grand monde, dont elle faisait l'ornement.

Son père, en mourant, lui laissa une fortune modeste : quatre-vingt-dix à cent mille francs. Cette mort ne précéda que de quelques années celle de sa mère. Marie Cappelle fut alors placée sous la tutelle de de M. et Mme Garat, qui lui prodiguèrent les soins les plus attentifs, et lui vouèrent le plus tendre attachement. L'orpheline en était digne par sa conduite antérieure. Voici comment s'exprime à son sujet M. Dufour, curé de Villers-Hellon, où elle a vécu long-temps :

« Pendant tout le temps que Marie Cappelle a passé dans ma paroisse, elle n'a pas cessé de suivre les nobles exemples de sa mère, en secourant les pauvres et en visitant les malheureux, dont elle était la providence. Je pourrais citer bien des traits de désintéressement et de sa charité, lorsqu'il s'agissait de distribuer aux indigents des aumônes, du pain et des vêtements. J'ai été témoin aussi des actes de sa piété filiale, et des soins qu'elle prodiguait avec tant de dévouement à son aïeul maternel, M. Collard, surtout pendant sa cécité. J'avoue que j'ai été frappé de sa conduite admirable, et quoique ce soit là un sentiment naturel, j'ai cru devoir, dans une occasion bien solennelle, le proclamer hautement sur la tombe de son grand-père, pour l'encourager au bien, et la donner en exemple. Je l'ai toujours vue accomplissant ses devoirs religieux de la manière la plus édifiante. J'ai toujours eu lieu de croire sa conduite très-bonne, et je n'ai jamais rien remarqué de répréhensible dans ses actions. J'ai souvent eu l'occasion de l'examiner et de recevoir de fréquentes et d'importantes confidences, et toujours je l'ai connue pieuse et dévouée. »

Toute cette première phase de sa vie est

rayonnante pureté ; il semble qu'en se développant, son âme fait éclore et reluire les précieux germes qu'elle renfermait.

L'éducation de Marie Cappelle avait été brillante; douée d'un esprit vif et pénétrant, d'une imagination riche et puissante, son front reflète une intelligence supérieure. De longs cheveux noirs encadrent merveilleusement bien son visage, d'un ovale parfait ; l'expression de sa physionomie douce, noble, modeste, charme au premier abord ; son regard plein de feu exerce bientôt une invincible séduction. Excellente musicienne, elle possède encore de nombreux talents de société. Il n'est pas étonnant qu'avec d'aussi brillantes facultés, elle ait su se faire aimer et chérir par tous ceux qui l'approchaient. Madame la vicomtesse de Montesquiou, madame de Valence, M. le marquis de Mornay, M. le maréchal Gérard, la protégent de leur amitié, et rendent hommage à son heureux caractère.

Elle n'avait que sept ans, c'était en 1823, quand la fille aînée de M. de Nicolaï, madame de Montbreton, séduite par la gentillesse de cette enfant, conçut pour elle une vive affection. Cependant un laps de temps considérable s'écoula sans que madame de Montbreton revît Marie Cappelle. Elle avait quitté le voisinage de cette dernière, et elle ne la rencontra que dix ans plus tard en 1833, après la mort de sa mère. Marie Cappelle ne jouissait pas alors d'une très-bonne santé ; elle intéressa vivement madame de Montbreton, qui vint la voir souvent chez madame Garat. Ce fut alors qu'elle fut présentée à la famille de Nicolaï, qui l'accueillit comme une amie de leur fille ; ces relations, qui datent du mois de janvier 1836, ne devinrent véritablement intimes entre Marie Cappelle et mademoiselle de Nicolaï, jeune sœur de madame de Montbreton, que vers le mois de juillet suivant, époque où madame de Valence l'avait emmenée passer un mois ou deux à la campagne, dans le voisinage de la famille Nicolaï. Il s'établit alors entre les deux jeunes filles des rapports d'âge, de sympathie, qui les rendirent bientôt inséparabes.

Cependant cette liaison n'eut pas toute l'approbation de madame Garat, qui reprochait à mademoiselle de Nicolaï beaucoup de légèreté et d'inconséquence, pas assez toutefois pour exiger une rupture. Marie Cappelle et mademoiselle de Nicolaï sortaient souvent ensemble. Dans une de leurs promenades aux Champs-Élysées, elles remarquèrent un jeune homme dont la tournure les frappa. Elles apprirent qu'il se nommait Clavé, qu'il était poète, homme de lettres, qu'il fréquentait la meilleure compagnie. A la suite de ces informations, les deux amies adressèrent un jour une lettre sans signature à ce jeune homme, dont la beauté, les manières élégantes avaient séduit mademoiselle de Nicolaï. Ce billet était ainsi conçu : « Pour la santé, une promenade aux Champs-Élysées ; pour le salut, les offices à Saint-Philippe. »

Clavé répondit par une lettre aussi sans signature ; il alla aux Champs-Élysées, et ces demoiselles s'y trouvèrent. Nous n'avons point à porter un jugement sur cette liaison, toutefois cela fait naître d'étranges pensées. Effrayées de leur imprudence, Marie Cappelle et mademoiselle de Nicolaï supplièrent alors M. Clavé de cesser ses poursuites et d'oublier leur étourderie. Ce dernier répondit à cette prière par une lettre, où il exprimait la plus profonde douleur, et signée de ses initiales F. C. Il reprochait à mademoiselle de Nicolaï de s'être jouée de son amour et de son désespoir ; mademoiselle de Nicolaï lui répondit pour le rassurer. Une correspondance s'ensuivit. Marie Cappelle était leur intermédiaire. Long-temps Clavé n'osa lui écrire, par crainte de sa famille. Il lui adressait alors, sous le nom d'une amie de pension, quelques lettres bien tendres, où revenait, mais mystérieusement, son amour pour mademoiselle de Nicolaï. En voici quelques extraits :

N'oublions pas que Clavé écrit sous le nom d'une amie de pension.

« Notre connaissance si récente est devenue tout-à-coup si intime, par un lien, j'ose presque le dire, si fatal; notre connaissance m'épouvante, et je crains d'avoir trop tôt jugé. Dites-moi, je vous en prie, que mes craintes sont injustes, que mes reproches sont injurieux; je consens à passer pour une folle, pour une méchante, une inconséquente, pourvu que vous me rendiez mon amie. »

Plus tard, Clavé, heureux de son amour, n'ayant plus d'inquiétude, écrivait encore :

« Vous êtes heureuse d'être à la campagne, chère amie; toutes les obligations de ce monde ne peuvent vous atteindre. Là, où vous êtes, rien ne vous oblige à paraître le front riant dans une fête où votre cœur se brise contre toutes les physionomies. C'est là le martyre que je subis bien souvent. Hier encore, il m'a fallu danser et rire chez madame la comtesse de Monti; je me faisais horreur à moi-même en passant devant une glace..... Pour me distraire, je permis à mon imagination de me transporter à une fête où je vous vis, Marie, vous et puis d'autres qui me sont bien chères; je m'enivrais de ce souvenir plein de mélancolie, et j'éprouvai un tel moment d'illusion que de ma banquette, où je sentais par contenance mon bouquet de fleurs, j'ai aperçu tout-à-coup une salle en rotonde, un plafond de contours variés, je vis, je reconnus distinctement toutes les figures, en un mot, je fus rajeuni d'un mois, et les larmes me vinrent aux yeux..... Si vous recevez des nouvelles de vos amies, n'oubliez pas de m'en faire part. Vous savez surtout qu'il en est une que je préfère à toutes les autres, à cause de la pureté de son regard d'ange ; si elle voulait, je ferais son portrait ; parlez-moi d'elle. »

On le voit, la passion de Clavé est une passion dans toutes les règles ; il y a des alternatives de bonheur et de désespoir ; il aime, est-il payé de retour ? Il paraît qu'il s'élevait parfois des nuages :

« Ainsi donc, dit-il dans une autre lettre, ce n'est pas assez pour elle que de s'être joué d'une affection qu'elle connaissait depuis long-temps, il faut qu'elle me jette une accusation infamante, et qu'elle me prête des propos de démence complète. Donc je suis un lâche et un insensé ; vous lui direz merci de ma part. Eh bien ! je vous le jure, je n'aurais jamais cru à tant de perversité dans une âme de jeune fille.... Je pourrais me venger, mais la pensée ne m'en vient pas. Cette lettre, je vous la renverrai, si vous doutez de moi. Dites-le, et vous aurez toutes les autres; il m'en coûtera, c'est le plus grand sacrifice que je puisse vous faire, mais je ne veux d'arme contre personne. »

Cependant mademoiselle de Nicolaï quitta Paris; cette séparation fut un coup de foudre pour Clavé, qui confia son désespoir à mademoiselle Capelle.

« Quand ma lettre vous arrivera, elle sera partie; de huit mois je ne la verrai plus. Pourquoi ne puis-je pas me consoler? Pourquoi la nature ne m'a-t-elle pas donné la faculté de l'oubli? Je suis maintenant plus malheureux qu'avant-hier; alors j'avais une espérance qui me contenait, j'espérais la voir, lui parler; aujourd'hui tout est fini. Comme la colombe de l'Arche, je ne vois plus qu'une vaste mer d'incertitude, pas un rameau d'espoir où me reposer, et je ne veux plus revenir à mon passé; la fenêtre par où j'en suis sorti, m'est fermée. Cette fleur que je conserverai toute ma vie, c'est vous, Mariquita, qui l'avez coupée! Sans doute elle n'a pas consenti à me la donner; peut-être ne l'a-t-elle pas su. Son regard n'est pas venu me chercher une fois. Je suis né pour souffrir : toutes les joies du cœur, les seules que je puisse goûter, me sont obstinément refusées. J'ai aimé deux femmes dans ma vie, l'une est morte; elle aurait tout donné pour me rendre heureux : elle, son rang, sa fortune; elle est morte! L'autre, je l'aime seul.... J'ai rêvé!.....

» Dites-lui que sa froideur m'a tué. Mon intelligence ne peut plus se relever que par son amour. Dites-lui qu'avec sa pensée je grandirai comme la fleur arrosée d'une eau pure. Dites-lui que, pour elle, j'aurai des chants plus beaux que tous ceux que j'aurai chantés; que mes vers, que les femmes aiment beaucoup, exciteront l'admiration et l'envie, lorsqu'ils lui seront adressés; mais que si elle m'abandonne, n'ayant plus rien à espérer dans ce monde, je le quitterai, j'irai me faire brûler par un soleil étranger, terrible, impitoyable. J'attends pour prendre un parti. Voyons si elle aime mieux créer ou tuer, élever un homme qui ne peut rien sans son appui, ou le précipiter du haut de quelques échelons qu'il avait gravis.

» Elle m'a défendu de la voir ; dites-moi, Mariquita, si je dois m'en tenir à cette défense. Je voudrais seulement, le dimanche, aller entendre la messe sous les mêmes voûtes qu'elle, et y puiser un peu de consolation pour huit jours de travaux que j'employerai à sa gloire. »

Cependant mademoiselle de Nicolaï, inquiète des résultats de cette correspondance avec Marie Capelle, la fit réclamer à cette dernière par mademoiselle Delvaux, sa gouvernante, et ces lettres furent renvoyées quelques jours après. Marie de Nicolaï s'effrayait surtout, dans la crainte qu'une de ces lettres n'eût été égarée; elle suppliait son amie de lui garder le secret. Voici la lettre qu'elle lui écrivait à la date du 30 août.

« Je vous remercie, chère Marie, de la venue de ces lettres, sur lesquelles je comptais bien. J'ai voulu les relire. Dites-moi si vous ne vous rappelez pas d'en avoir brûlé une dont je suis sûre, mais peut-être même deux ou trois. Je voudrais que vous eussiez le souvenir bien secret de les avoir brûlées, car je serais inquiète et triste de penser qu'elles auraient pu s'égarer..... Vous avez très-bien fait de n'en rien dire à qui que ce soit au monde. Je vous demande encore une fois la promesse de n'en jamais parler à personne..... N'en dites jamais un seul mot; vous sentez bien les conséquences fâcheuses que cela pourrait entraîner. Je ne veux plus écrire longuement là-dessus, mais nous en parlerons à notre retour....... »

Toutefois il résulta du renvoi de cette correspondance un ralentissement dans les relations des deux amies. Clavé, réalisant ce qu'il annonçait dans une de ses lettres, avait formé le projet de passer à l'étranger. Au mois d'octobre, il partit pour l'Afrique, et cette intrigue parut terminée. Mademoiselle de Nicolaï épousa, en février 1838, M. le vicomte de Léautaud. Toute relation avec Clavé avait cessé ; mais un jour elle crut le reconnaître dans les chœurs de l'Opéra, sur les planches d'un théâtre, et ses inquiétudes se réveillèrent avec une nouvelle force. Elle n'avait pas revu mademoiselle Marie Capelle depuis la fin d'août; elle la rencontra dans une visite qu'elle fit pendant le mois de mai à madame de Martens. Mademoiselle Capelle lui dit en secret avoir reçu une lettre timbrée d'Alger de M. Clavé, dans laquelle il lui demandait des détails sur son mariage avec M. de Léautaud. Cette nouvelle l'effraya. Persuadée que Clavé était dans les chœurs de l'Opéra, elle crut voir là-dedans une trahison, un mensonge, à l'aide duquel il voulait abuser plus facilement de leur imprudence.

Ces terreurs étaient mal fondées, car elles reposaient sur une erreur; M. Clavé était véritablement en Afrique; il y resta jusqu'au mois de décembre 1839, époque où il revint à Paris et s'embarqua pour le Mexique, où il est encore.

Sur ces entrefaites, au mois de mai 1839, mademoiselle Marie Cappelle fut invitée à aller passer quelque temps à Busagny, chez M. le marquis de Nicolaï, où se trouvaient M. et madame de Léautaud. Il y eut fête. Mademoiselle de Beauvoir, sœur de la belle-sœur de cette dernière, se mariait à deux ou trois kilomètres de Busagny. C'était le 9 ou le 10 juin. Il y avait beaucoup de monde au salon. On parla de diamants; ceux de madame de Léautaud furent descendus pour les comparer à ceux de madame de Beauvoir, qu'on disait plus beaux, mais moins bien montés. Chacun admira la parure, l'examina; l'écrin fut ensuite déposé sur un meuble, où chacun put le voir. Tout le monde partit pour la promenade, et les diamants restèrent ainsi exposés sur une table ronde dans le salon. Le soir, madame de Léautaud les remonta dans sa chambre à coucher, et le lendemain les fit voir à madame de Newkerque, puis les remit dans le tiroir de la table où étaient les autres bijoux, et laissa la clef au tiroir. Quelques jours après, la conversation s'engagea sur la différence qui existe entre le strass et le diamant; mademoiselle Cappelle avait un sac de velours qui contenait un livre de messe et qui était fermé par des boutons en diamants faux; elle sortit pour l'aller chercher; lorsqu'elle rentra dans la chambre de madame de Léautaud, où devait se faire la comparaison.

l'écrin de celle-ci fut retiré du tiroir, mais quand on l'ouvrit, il était vide. Malgré les recherches les plus actives, les diamants ne furent point retrouvés. M. de Léautaud, pensant qu'ils avaient été volés par quelqu'un de la maison, alla faire sa déposition à la justice, et les gendarmes de Pontoise vinrent faire une visite dans toutes les chambres du château. Ces perquisitions n'amenèrent aucun résultat. Le 18 ou le 19 juin, mademoiselle Capelle fut ramenée à Paris, par la famille de Nicolaï, chez sa tante, madame Garat. Presque aussitôt elle partit pour le château de Corsi, propriété de madame de Montbreton, sœur de madame de Léautaud; elle y resta un mois. C'est alors que se passa une scène de somnambulisme assez étrange. Madame de Montbreton a foi au magnétisme ; elle magnétisa mademoiselle Marie Capelle, qui parut s'endormir profondément, et plusieurs fois elle l'interrogea sur le vol commis au préjudice de sa sœur; mademoiselle Cappelle ne lui répondit, à cet égard, qu'au bout de trois ou quatre séances. Voici les questions qui furent adressées et les réponses qui furent faites : « Où sont-ils ? — Je ne les vois pas. — Où ont-ils été volés ? — Dans son tiroir. — Par qui ? — Par un homme. — Est-ce un domestique ? — Pas tout-à-fait. — Comment est-il ? — Je ne puis le voir. — Où a-t-il mis les diamants ? — Il les a démontés et vendus à un juif. — Où demeure le juif ? — Je ne sais, je ne puis le voir. — Où sont maintenant les diamants ? — En pays étranger. »

C'était sans doute une comédie jouée pour entretenir les illusions de madame de Montbreton, car les événements sont venus démentir les allégations de Marie Cappelle pendant son sommeil simulé.

Sur ces entrefaites, elle reçut une lettre de madame Garat, sa tante, qui lui mandait de revenir immédiatement à Paris pour une entrevue qu'elle voulait lui faire avoir avec un riche maître de poste, qui l'avait demandée en mariage. Elle partit dans la nuit du dimanche au lundi ; mais l'entrevue avait été manquée, et les projets de mariage furent rompus. Mademoiselle Cappelle avait la manie des bijoux ; ce ne fut pas sans étonnement que madame Garat, sa tante, lui en remarqua plusieurs qu'elle prétendit être des cadeaux.

Quelque temps après le vol de Busagny, on apporta à l'adresse de Marie Cappelle une boîte contenant un bracelet avec une facture acquittée. Elle prétendit que ce pouvait être un présent du marquis de Mornay, ce qui n'était pas. Dans le même moment, elle montra à madame Garat deux épingles ornées de perles qu'elle dit lui avoir été données par M. de Brague, son parrain, et un livre de messe qu'on supposa venir de madame de Nicolaï. On reconnut qu'il n'en était rien. Toutes ces circonstances intriguaient vivement la tante de Marie Cappelle, qui supposait néanmoins que cette dernière ne lui faisait tous ces petits contes, que parce qu'elle l'avait grondée plusieurs fois auparavant, pour la manie qu'elle avait d'acheter des bijoux.

C'est à ce moment, c'est-à-dire vers la fin de juillet 1839, qu'il faut placer les démarches qui furent faites par M. Lafarge dans le but d'obtenir la main de mademoiselle Marie Cappelle. Rien ne fut oublié pour séduire son imagination. M. Lafarge, veuf d'une première femme, se présentait riche alors des attestations les plus favorables sur sa moralité et sa fortune. Il se donnait de trente à quarante mille livres de rente ; il traçait du Glandier un tableau qui en faisait presque une demeure enchantée, un magnifique château, digne de captiver les regards de la jeune épouse et de sa famille. Il fut agréé. Dans le contrat de mariage, il fixe à 80,000 francs ses apports mobiliers, puis il donne la description pompeuse du Glandier, de ses forges et de ses propriétés accessoires.

Voici comment Marie Cappelle raconte les circonstances de son mariage à M. Elmore, Anglais qui réside habituellement en France, et un des plus anciens amis de la famille.

« Je veux vous écrire une grande nouvelle, mon cher M. Elmore, une nouvelle que je ne crois guère, qui m'étonne plus qu'elle ne vous étonnera. Enfin, moi si difficile, si réfléchissante aux mauvais côtés de toute chose, je me marie en poste.

» Mercredi, je vois un monsieur chez Musard, je lui plais et il ne me plaît pas beaucoup; jeudi, il se fait présenter chez ma tante, il se montre si soigneux, si bon, que je le trouve mieux; vendredi, il me demande officiellement; samedi, je ne dis pas oui, mais je ne dis pas non, et dimanche, aujourd'hui, les bans sont publiés! J'étouffe de mille sentiments divers; c'est fini....

« Voici les détails que je puis vous donner: M. Lafarge a 28 ans; une assez laide figure, une tournure et des manières très-sauvages, mais de belles dents, un air de bonhomie, une réputation excellente. Il est maître de forges et a ses propriétés dans le Limousin, à 130 lieues de Paris. Une belle fortune, un joli château, autant que je puis en juger par un plan qu'il m'a donné, etc.»

Dans une autre lettre elle écrit :

« J'ai le dessin de mon petit château, qui est charmant; il y a de belles mines dans le jardin; une rivière qui passe sous les fenêtres; c'est à peu près grand comme Villers-Hellon. On m'a déjà donné un délicieux piano de Pleyel, qui va partir pour Glandier, afin de me recevoir. N'est-ce pas une aimable attention? Sachant que j'aime les bains, il (M. Lafarge) a écrit sur-le-champ pour que je trouve une salle de bains toute prête, qui fasse mon cabinet de toilette ; il en est de tout ainsi ; je ne puis former un désir qu'il ne soit accompli ou promis. C'est le contraire de tous les mariages. Chaque jour nous découvre quelque chose de mieux en caractère, fortune, etc. Je n'ai pas perdu pour attendre. »

Ainsi que le dit Marie Cappelle, c'était un mariage fait en poste ; à peine les cérémonies étaient-elles achevées qu'on partit pour le Glandier. Les illusions de la jeune épouse ne durèrent pas long-temps. A Orléans, se passe une scène de violence de la part de Lafarge qui, sur un esprit aussi impressionnable que l'était celui de Marie Cappelle, dut produire un effet extraordinaire : fatiguée de la route, elle s'était mise au bain ; Lafarge voulut pénétrer de force dans sa chambre; néanmoins il se retira, sur l'observation qui lui fut faite qu'il y avait inconvenance dans ce procédé. Tout semblait conspirer pour rembrunir les idées de la nouvelle mariée, qui, d'après les pompeuses descriptions de M. Lafarge, s'attendait sans doute à faire route pour les jardins d'Armide. Les chemins, inondés, étaient devenus torrents ; tout offrait sur la route un aspect agreste et sauvage. Le Glandier enfin apparut : ce fut le comble du désenchantement. Le magnifique château, ces riants paysages qu'elle avait rêvés, étaient là sous la forme d'une antique Chartreuse, dont les galeries sombres et solitaires, les murs à demi renversés ne pouvaient qu'inspirer un indicible sentiment de tristesse et d'effroi. On peut juger de ce qui se passa lors en elle par le fragment suivant d'une lettre qu'elle écrivit à sa tante quelques jours après son arrivée au Glandier.

« ..... Figure-toi un voyage étouffant, un orage affreux, des chemins devenus torrents, et une arrivée au milieu de la nuit dans une maison limousine ; ce qui se traduit en français par sale, déserte, atrocement froide, sans meubles, ni portes, ni fenêtres fermantes. Je me crus la plus malheureuse des créatures, et je me mis à fondre en larmes en entrant dans le beau salon, qui est une vaste chambre à alcôve avec cinq chaises, parsemées le long d'un papier qui réunit toutes les nuances jaunes existantes. Une commode couverte d'un tapis de pied rehaussé par cinq belles oranges monstres; une cheminée avec deux flambeaux contenant une belle chandelle luxueusement intacte, et une lampe de nuit où Adam et Ève s'enlacent orgueilleusement sans péché, mais aussi sans feuilles. »

Il y avait quelque chose de si bourgeois, de si prosaïque dans tout ce qui l'entourait, que le désappointement de Marie Cappelle, accoutumée, ainsi que nous l'avons vu, à la vie aristocratique des salons, se changea bientôt en un désespoir qui tenait du délire. Elle demanda à rester seule pour écrire à ses parents ; c'est alors qu'elle fit pour son mari l'étrange lettre qu'on va lire :

LETTRE DE MADAME LAFARGE A SON MARI.

« Charles, je viens vous demander pardon à genoux ! Je vous ai indignement trompé : je ne vous aime pas et j'en aime un autre ! Mon Dieu, j'ai tant souffert ! laissez-moi mourir, vous que j'estime de tout mon cœur ; dites-moi : Meurs, et je te pardonnerai ; et je n'existerai plus demain. Ma tête se brise, viendrez-vous à mon aide ? Ecoutez-moi, par pitié ; écoutez-moi ! Il s'appelle Charles aussi ; il est beau, il est noble, il a été élevé près de moi ; nous nous sommes aimés depuis que nous pouvons aimer. Il y a un an, une autre femme m'enleva son cœur, je crus que j'allais mourir; par dépit, je voulus me marier. Hélas! je vous vis : j'ignorais les mystères du mariage, j'avais tressailli de bonheur en serrant ta main; malheureuse! je crus qu'un baiser sur le front seul te serait dû, que vous seriez comme un père. Comprenez-vous ce que j'ai souffert dans ces trois jours? Comprenez-vous que si vous ne me sauvez pas, il faut que je meure. Tenez, je vais vous avouer tout.... Je vous estime de toute mon âme, je vous vénère; mais les habitudes, l'éducation, ont mis entre nous une barrière immense. A la place de ces doux mots d'amour, de ces épanchements du cœur et de l'esprit, rien que les sens qui parlent en vous, qui se révoltent en moi. Et puis, il se repent : je l'ai vu à Orléans; vous dîniez; il était sur un balcon vis-à-vis du mien. Ici même, il était caché à Uzerches; mais je serai adultère malgré moi, malgré vous, si vous ne me sauvez pas. Charles, que j'offense si terriblement, arrachez-moi à vous et à lui. Ce soir, dites-moi que vous y consentez : ayez-moi deux chevaux, dites le chemin de Brives ; je prendrai le courrier de Bordeaux, je m'embarquerai pour Smyrne. Je vous laisserai ma fortune : Dieu permettra qu'elle vous prospère, vous le méritez ; moi, je vivrai du produit de mon travail ou de mes leçons. Je vous prie de ne laisser jamais soupçonner que j'existe : si vous voulez, je jetterai mon manteau dans un de vos précipices, et tout sera fini ; si vous le voulez, je prendrai de l'arsenic, j'en ai, tout sera dit. Vous avez été si bon que je puis, en vous refusant mon affection, vous donner ma vie, mais recevoir vos caresses, jamais ! Au nom de l'honneur de votre mère, ne me refusez pas ; au nom de Dieu, pardonnez-moi. J'attends votre réponse comme un criminel attend son arrêt. Hélas ! si je ne l'aimais pas plus que la vie, j'aurais pu vous aimer à force de vous estimer : comme cela, vos caresses me dégoûtent. Tuez-moi, je le mérite; et cependant j'espère en vous. Faites passer un papier sous ma porte ce soir, sinon demain je serai morte. Ne vous occupez pas de moi : j'irai à pied jusqu'à Brives s'il le faut. Restez ici à jamais. Votre mère si tendre, votre sœur si douce, tout cela m'accable; je me fais horreur à moi-même. Oh ! soyez généreux : sauvez-moi de me donner la mort. A qui me confier, si ce n'est à vous? M'adresserai-je à lui! Jamais. Je ne serai pas à vous, je ne serai pas à lui; je suis morte pour les affections. Soyez homme : vous ne m'aimez pas encore; pardonnez-moi. Des chevaux feraient découvrir nos traces : ayez-moi deux sales costumes de vos paysannes. Pardon; que Dieu vous récompense du mal que je vous fais!

» Je n'emporterai que quelques bijoux de mes amies comme souvenir; du reste, de ce que j'ai, vous m'enverrez à Smyrne ce que vous daignez permettre que je conserve de votre main. Tout est à vous.

» Ne m'accusez pas de fausseté : depuis lundi, depuis l'heure où je sus que je vous serais autre chose qu'une sœur; que mes tantes m'apprirent ce que c'était que de se donner à un homme, je jurai de mourir; je pris du poison en trop petite dose : encore à Orléans, je le vomis hier; le pistolet armé, c'est moi qui le gardai sur ma tempe pendant les cahots, et j'eus peur. Aujourd'hui tout dépend de vous; je ne reculerai plus.

» Sauvez-moi, soyez le bon ange de la pauvre orpheline, ou bien tuez-la, ou dites-lui de se tuer. Ecrivez-moi, car sans votre parole d'honneur, et je crois en vous, sans elle écrite, je n'ouvrirai pas ma porte. »

Signé : Marie.

Lafarge fut au désespoir; cependant le lendemain on s'adressa à un ami de la famille, qui dans cette lettre ne vit rien de sérieux au fond, mais au contraire un adroit stratagême pour irriter son mari, se faire chasser, sortir en un mot du Glandier à tout prix. M. Chauveron (c'est le nom de cet ami) parla à la jeune femme, et la sérénité ne tarda pas à reparaître dans le ménage. Il résulterait même de la correspondance de Marie Cappelle que l'éloignement qu'elle avait d'abord conçu pour son mari avait fait place à une affection aussi vive que sincère. Aimée, fêtée par la mère et la sœur de Lafarge, qui couraient au-devant de chacun de ses désirs, elle parut bientôt se réconcilier avec le Glandier et ceux qui l'habitaient. Voici comment elle s'exprime dans une lettre qu'elle écrit à sa tante au sujet de sa nouvelle famille.

« ..... Ma belle-mère est une excellente femme, rien moins que brillante, mais nullement sotte, et me comblant de caresses et d'attention ; ma sœur est gentille et aimable petite femme ; mon beau-frère est un jeune homme très-bien. Toute ma nouvelle famille est délicieusement bonne pour moi ; on m'adore, on m'admire ; j'ai toujours parfaitement raison. J'ai déjà vu un peu de monde, et mes toilettes font admiration. Charles est comme un enfant : il voudrait que je misse toutes mes jolies choses à la fois ; il est fier de mes succès ; et quand notre bon piano attire l'étonnement de nos bons voisins, qu'on m'écoute avec l'attention et le plaisir qu'on prêterait à Litz ou à Chopin, il se trouve le plus heureux des hommes. Le pays est admirable : des eaux superbes, les plus belles prairies, des bois, les plus délicieux mouvements de terrain. La forge est ravissante et semble considérable. Autour de nous tous ces jolis sites nous appartiennent. Je me suis sur-le-champ improvisé un salon ; je suis bien la femme la plus maîtresse de France et de Navarre. »

Le 25 août, elle écrit à madame de Montbreton, son amie, une lettre où, tout en lui faisant part de la déception qu'elle avait ressentie à son arrivée, elle s'exprime de la manière la plus favorable à son mari.

Il s'élève bien par ci par là quelques nuages au milieu de cette paix. Il se passa, entre autres, une scène assez étrange, le 1er septembre, à Uzerches, chez madame de Mattères, où Lafarge et sa femme étaient allés par un jour de fête. Lafarge, prétend-on, avait la tête échauffée par le Champagne. Marie demande à ne pas coucher dans sa chambre, sous prétexte qu'il la faisait causer et l'empêchait de dormir. Tout-à-coup il se fait un bruit extraordinaire dans l'appartement de Marie Cappelle; c'était Lafarge qui avait escaladé la fenêtre pour parvenir jusqu'à sa femme. Marie appela, et on entendit comme la chûte d'un corps sur le plancher. La porte était fermée, on la força; à peine fut-elle ouverte, que Maric s'échappa en donnant des signes de la plus grande frayeur; quant à Lafarge, il était en proie à une violente attaque, résultat d'une maladie qui est restée un mystère. Toutefois, il ne paraît pas que l'union des deux époux en ait été longtemps troublée, car le 2 septembre elle écrit encore à sa tante une lettre dans laquelle elle lui fait part de son bonheur. Enfin dans le courant du mois d'octobre elle s'exprime ainsi :

« Je suis toujours une heureuse et gâtée personne. Charles me fait la cour assidue d'un prétendant; il m'accable de tendresse, de soins, d'adoration; ma belle-mère, *idem*. Charles m'a fait encore la surprise d'une jument gris-pommelé, mon rêve de dix ans. Vraiment je remercie Dieu du fond de mon âme, et de Charles, qu'il m'a donné, et de la vie, qu'il a ouverte devant moi. »

Ainsi, on le voit, la lettre du 15 août est bien loin; elle a été suivie d'une union intime entre les époux, d'une harmonie constante dans le ménage. Le temps marche. Marie Cappelle parut éprouver une indisposition assez grave ; elle reçut de son mari les soins les plus affectueux. Pour lui témoigner sa reconnaissance, elle manifesta de faire un testament en sa faveur. Lafarge, en retour, se hâta de lui donner la même preuve d'amitié ; et le 18 octobre 1839 il lui remit un testament par lequel il disposait envers elle de tout ce qu'il laisserait après son décès.

### Testament de Lafarge.

« Aujourd'hui, 28 octobre 1839, je soussigné Charles-Joseph-Dorothée Pouch-Lafarge, ai fait mon testament olographe comme il suit :

« Je donne et lègue à Marie-Fortunée Cappelle, ma chère épouse, tout ce dont la loi me permet de disposer, c'est-à-dire la totalité des biens que je possède en propriétés, créances, successions échues ou à venir. Je ne fais ici aucun legs pour ma mère ni pour ma sœur; mais si cependant les affaires de mon épouse lui faisaient la faveur de pouvoir en disposer après sa mort, sans trop nuire à ceux à qui elle désire faire du bien, cela rentrerait au nombre de mes bonnes pensées, pour ma mère ou pour ma sœur, à qui je désirerais que ça revînt, sans que cependant on puisse voir dans cette dernière clause rien d'obligatoire pour mon héritière, m'en rapportant en tout aux bons sentiments que je lui connais. Je prie en outre ma bonne Marie de ne jamais oublier ma mère, que j'aime tant, surtout de ne point la quitter, la consoler de tous ses chagrins, la distraire, et ne lui laisser manquer de rien, aider ma sœur de tous ses bons conseils et de ses moyens pécuniaires; si l'aisance et la fortune de ma chère Marie le permettent, faire les aumônes aux pauvres qu'elle jugera convenables; enfin se faire enterrer près de moi lorsqu'elle mourra, ou faire transporter mes restes partout où elle devra être, afin de les déposer dans le même tombeau, promesse nous étant faite de ne jamais nous quitter ici-bas pour nous retrouver un jour ensemble tous les deux dans le ciel.

» Mon testament ainsi fait, qui contient en tout ma volonté expresse, a été signé, daté et écrit en entier de ma main.

» Aujourd'hui, au Glandier, le 28 octobre 1839.

« Ch. Pouch-Lafarge. »

Lafarge avait fait une découverte importante pour la fabrication du fer, découverte qui, dans sa pensée, devait lui procurer des bénéfices énormes, mais qui ne pouvait être utilisée qu'à deux conditions : il lui fallait obtenir un brevet d'invention et se procurer les capitaux nécessaires au développement de son industrie. Un voyage à Paris fut jugé indispensable, et Lafarge partit au milieu de novembre. Pendant son séjour à Paris, la correspondance la plus tendre s'établit entre les deux époux.

« Adieu, mon cher seigneur et maître, dit Marie, en terminant une lettre, je dépose mes petits succès à vos pieds. Aimez-moi, car je vous aime; regrettez-moi, car je vous regrette; embrassez-moi, car je vous embrasse de toute mon âme. Bon soir, je baisse ma tête pour que tu me donnes un tendre baiser sur mes yeux; en voici deux pour les tiens. »

Quelques jours après, elle lui écrivait encore :

« Oh! la vilaine procuration qui m'arrive sans un baiser de mon ami! Je déteste les affaires qui nous séparent, le temps me semble un siècle loin de toi. Je t'aime, mon Charles; je te le dis parce que je le sens de tout mon cœur, parce que le dépit, en recevant cette grosse lettre, vide de toi et d'amour, me l'a prouvé à moi-même. Pour t'écrire ce soir, j'ai fait *ta toilette;* mes cheveux flottent, mes yeux brillent de souvenirs qui se rapportent tous à toi. Tu m'aimeras! mon miroir me l'a dit, et je t'en remercie, car il est doux d'espérer plaire à ce qu'on aime. J'ai lu ta lettre d'hier à notre mère : elle t'embrasse, et nous nous sommes un peu encouragées en lisant tes expressions plus calmes, plus espérantes.

» Quoique je ne sois pas malade, j'ai ce soir une petite migraine qui me fait fermer les yeux et qui m'empêche de t'écrire plus longuement, sans faire cependant que je t'aime moins. Je vais me coucher et me soigner pour toi. Il faut que j'aie cette raison pour que je te quitte si vite, quand je t'aime si bien. Adieu! trois fois, du fond de l'âme. »

Lafarge, de son côté, n'écrit pas dans un style moins expressif.

« O Marie! ma bien-aimée, lui dit-il, ta vie a fait et fera la mienne dans ce monde comme dans l'autre. Tu sais que je te l'ai promis; *je te le jure, écrit de mon sang* (1)......... »

Vers le 15 décembre, Marie Cappelle exprima le désir d'envoyer son portrait à son mari, ainsi que des gâteaux faits au Glandier. Elle lui écrivit en lui recommandant de manger ces gâteaux le 18 au soir, à minuit, annonçant qu'elle-même, le même jour et à la même heure, ferait au Glandier un repas semblable, et s'unirait à lui par une pensée commune en l'accomplissement d'un fait identique. Elle engageait Lafarge à ne faire participer qui que ce soit à ce repas mystique, excepté madame de Violaine, sa sœur, qu'elle pensait devoir être à Paris. Les instructions de ma-

(1) On remarque que ces mots sont effectivement écrits avec du sang.

dame Lafarge furent suivies de point en point par son mari, qui la remercia de cet envoi en termes passionnés. Cependant Lafarge ressentit une violente indisposition; toutefois, les suites n'en furent pas assez graves pour l'empêcher de s'occuper de l'obtention de son brevet. Il réussit enfin, et partit pour le Glandier, où il arriva le 3 janvier.

Il paraît que l'antique Chartreuse était devenue le domaine de bandes nombreuses de rats, qui s'y étaient établis et par droit de conquête et par droit de naissance. Marie Cappelle avait entrepris de les exterminer, et de fréquents achats d'arsenic avaient été faits. Il y en avait partout, dans la cuisine, dans le cabinet de toilette, dans la chambre à coucher; on aurait vraiment dit qu'il s'agissait d'une poudre la plus innocente du monde et non pas du poison le plus actif et le plus violent.

Cependant Lafarge était souffrant; il se

mit au lit, se leva pendant quelques instans, et se recoucha bientot. Marie Cappelle lui prodigua les soins les plus touchants et les plus assidus; sans cesse au chevet de son lit, c'était elle qui lui présentait les potions et les médicaments ordonnés par le médecin, et Lafarge, au milieu de ses souffrances, paraissait heureux. La maladie prit un caractère alarmant.

Lafarge éprouvait de cruelles angoisses; il ressentait à la gorge une ardeur douloureuse; des coliques violentes déchiraient ses entrailles, et bientôt la frigidité de son corps, l'interruption presque complète de la circulation du sang, les battements du cœur devenus rares et peu sensibles, annoncèrent une fin prochaine. Alors il se fit en lui un changement extraordinaire : la vue de sa femme parut lui faire éprouver un sentiment d'indéfinissable terreur. Madame Lafarge mère et la sœur du malade environnèrent son lit, et semblèrent en défendre l'accès à la jeune épouse.

Enfin le 14 janvier, à six heures, l'infortuné rendait le dernier soupir.

Bientôt des soupçons horribles s'élevèrent. Cette mort si prompte, au milieu de si atroces douleurs, donna lieu à une accusation d'empoisonnement, et la famille désigna : Qui ? Marie Cappelle. On fit l'autopsie du cadavre. Les médecins crurent reconnaître des traces de poison. La justice fut saisie, et Marie Cappelle eut à subir un interrogatoire, à la suite duquel elle fut mise en état d'arrestation et écrouée dans la prison de Brives.

Bientôt une nouvelle accusation fut dirigée contre elle. Madame de Léautaud déposa une plainte tendant à faire retomber sur madame Lafarge la culpabilité du vol des diamants qu'elle prétendait avoir été commis à son préjudice dans le mois de juin 1839. Le préfet de police fit faire des recherches au Glandier, et, chose étonnante! les diamants y furent retrouvés. Madame

Lafarge, inculpée de ce vol, fut citée devant le tribunal correctionnel de Brives, et présenta un système de défense qui consistait à prétendre qu'il n'y avait pas eu de vol véritable dans la disparition des diamants; elle soutint que c'était madame de Léautaud elle-même qui les lui avait confiés pour les vendre, et acheter avec leur prix le silence de Clavé, dont elle redoutait les indiscrétions. En effet, elle chargea MM. Bac et Lachaud, ses défenseurs, d'aller trouver madame la vicomtesse de Léautaud, pour l'engager à retirer sa plainte, lui déclarant que si elle persistait, elle serait obligée de livrer à la publicité les détails de son intrigue avec M. Clavé. Voici la lettre que M. Bac remit à madame de Léautaud :

« Marie, que Dieu ne vous rende pas tout le mal que vous m'avez fait. Hélas! je vous sais bonne, mais vous êtes faible; vous vous êtes dit que, condamnée pour un crime atroce, je pouvais aussi subir une accusation infâme. Je me suis tue, j'ai remis à votre honneur le soin de mon honneur : vous n'avez pas parlé. Le jour de la justice est arrivé ; Marie, au nom de votre conscience, de votre passé, sauvez-moi! Sans doute il est mal de tendre la main à la reconnaissance, mais il est des positions qui ordonnent d'éveiller dans le cœur l'oubli, et je ne sais pour quel front est la rougeur. Voici les faits, vous ne sauriez les nier :

» Lorsque je vous connus bientôt je vous aimai, et je devins bientôt aussi la confidente d'une intrigue commencée à Saint-Philippe, continuée dans une correspondance qui passait par mes mains, achevée à Busagny, en mon absence. Vous découvrîtes bientôt que ce bel Espagnol n'avait ni famille, ni fortune; vous lui défendîtes de vous aimer après avoir été chercher son amour, et pour en finir, vous avez recommencé un autre amour, d'autres lettres qui vous ont fait épouser M. de Léautaud. Je reçus plusieurs lettres de l'abandonné, qui vous accusait et demandait vengeance. Bientôt vous le vîtes, et sous prétexte de faire votre portrait, vous avez trouvé le moyen de le calmer. Cependant cette position devenait intolérable, il fallait l'éloigner; pour cela, il fallait de l'argent; alors, quand je fus à Busagny, vous me confiâtes tout, et me trouvant un mari dans la personne de M. Delvaux, vous fîtes tous vos efforts pour me convaincre de l'épouser, et il fut convenu que vous me confieriez vos diamants, afin que je vous prête dessus, ou plutôt que j'essaie de les vendre pour payer les termes de la pension convenue. Le mariage ne s'arrangea pas, mais vous me laissâtes les diamants; et, comme je craignais qu'on ne les découvrît dans la visite que l'on fit, nous les avons démontés ensemble et cousus dans un sachet.

» Lors de mon mariage, je conservai ces malheureux diamants, et quand approcha le mois de janvier pour le payement, je vous écrivis que j'avais confié à mon mari le dépôt que vous aviez déposé entre mes mains, que je n'avais pas d'argent à vous prêter, mais que vous parliez à Lecointe, que nous vendrions ces bijoux et que nous les placerions sur Lafarge à 10 pour cent, avantage pour vous! Tous mes chagrins m'ont empêchée depuis de m'étonner de votre silence. Puis, Marie, je croyais en vous. Oh! faites que je retrouve mon amie; conduisez-vous noblement pour ma famille, pour mes amis. Je ne puis me taire. Ainsi, me sauver, c'est aussi vous sauver. Je suis obligée de confier ce que je vous dis à mon avocat. Tous ces faits seront publiés. Vous savez que j'ai les preuves entre les mains. Les voici ces preuves: Les lettres écrites par vous et par lui; vos lettres à moi; le secret que vous me demandez et qu'une fois je vous ai gardé au risque de me brouiller avec ma tante Garat; la lettre dans laquelle vous m'avez dit que vous avez découvert qu'il chantait dans les chœurs de l'Opéra, qui fera comprendre que l'on peut payer un silence, et qu'il est des positions où l'on spécule sur l'honneur d'une femme; ensuite les lettres qu'il m'écrivit après votre mariage; vous savez? *la tristesse*, si bien commentée, qui suivit votre mariage, la précipitation et le secret que vous y avez mis, craignant opposition, votre triste état de santé causé par le tourment et cessé aussitôt par le silence acheté, et après mon départ de Busagny. Voulez-vous d'autres preuves pour moi? Le secret de ce départ, confié à mon mari, et dont je lui parle dans une de mes lettres, en lui disant de les vendre; le soin que j'ai de les lui faire vendre chez Lecointe, que je sais votre bijoutier, et chargé par votre mari de découvrir les diamants volés, mais aussi dans lequel vous me dites avoir toute confiance, et vouloir prévenir avant la vente. J'ai la lettre écrite à mon mari, et le timbre de la poste fait foi. Mais pourquoi continuer? Pourquoi ne pas parler seulement à votre cœur et à votre conscience? Voudrez-vous avoir ma mort à vous reprocher? Oh! je ne survivrai pas à un doute. Je saurai mourir, mais en mourant, devant le prêtre qui me déliera de mes péchés, devant mes amis, devant le Christ, je dirai que je meurs votre victime, que je suis innocente, que je veux la réhabilitation pour mon tombeau, pour ma mémoire, que je léguerai à mes amis. Quand je serai morte, Marie, on me plaindra, on me vengera, votre faiblesse sera un crime et un déshonneur.

» Au lieu de cela regardez votre fils, qui vous rend fière, votre Raoul, que vous aimez tant! Craignez que Dieu ne me venge sur eux; venez m'aimer et me sauver. Il n'y a qu'une chose à faire maintenant. Il faut reconnaître par un billet signé de votre main, daté du mois de juin, que vous déclarez m'avoir confié vos diamants en dépôt, avec autorisation de les vendre, si je le jugeais convenable.

» Cela arrêtera l'affaire; vous expliquerez, ainsi que vous l'entendrez, votre conduite à votre mari, et toutes vos lettres vous seront envoyées, et le plus profond secret garantira votre honneur et votre repos.

» Adieu, croyez-le bien, Marie, pour vous sauver, j'ai été martyre deux mois, vous m'avez oubliée; je pourrai vous donner ma vie, mais ma réputation, le cœur de mes amis, l'honneur de mes sœurs, jamais. »

Madame de Léautaud prétendit que les allégations de Marie Cappelle étaient une calomnie, et persista dans son accusation. Elle soutint avoir cessé, dès l'année 1836, toute relation avec Clavé, et n'avoir jamais eu besoin d'acheter son silence. Placée sous le coup d'une accusation capitale, madame veuve Lafarge prit des conclusions tendant à ce qu'il fût sursis au jugement de cette affaire jusqu'après sa comparution devant la cour d'assises, et le tribunal ayant repoussé sa demande, elle se laissa condamner par défaut.

Elle appela de ce jugement devant le tribunal de Tulle, qui le frappa de nullité, et ordonna que la cause serait renvoyée au 20 septembre, pour être procédé au jugement sur le fond.

Cependant les débats s'ouvrirent sur l'accusation d'empoisonnement, le 13 août, devant la cour d'assises du tribunal de Tulle. L'accusée se présente assistée de Me Paillet. Là, Marie Lafarge apporte pour sa défense tout son passé. Serait-il possible que cette femme, qui trouvait dans son cœur des élans si passionnés pour son mari, qui lui prodiguait de si vives caresses, de si touchantes tendresses par correspondance, qui dans toutes ses relations avec des personnes étrangères se plaisait à leur retracer l'image du bonheur dont il l'environnait; que cette femme, d'une imagination mobile, exaltée, qui avait fait preuve de tous les dévouements, ait conçu la pensée d'un crime si épouvantable, et l'ait, avec une dissimulation si profonde, nourrie pendant six mois? On a prétendu que les gâteaux qu'elle lui avait envoyés étaient empoisonnés; mais il a été, selon nous, démontré dans les débats, que l'eût-elle voulu, il lui aurait été impossible d'y introduire du poison. On a dit qu'elle avait mis de l'arsenic dans toutes les boissons qu'elle lui avait présentées; on a découvert dans un lait de poule, analysé quelques jours après la mort de Lafarge, assez de poison pour tuer dix personnes; nous demandons comment il se fait qu'on ait retrouvé de si faibles parcelles dans le corps de Lafarge, qu'il a fallu trois expertises pour en trouver un demi-millième de gramme, c'est-à-dire un poids impondérable. Nous ne voulons pas par là attaquer la décision du jury qui vient de prononcer la culpabilité de madame Lafarge, nous ne voulons point proclamer son innocence; mais nous le déclarons hautement, nous n'avons point trouvé que des débats il soit résulté une évidence assez complète pour ne pas laisser la place au doute.

Nous croyons que l'accusation de vol dirigée contre elle a exercé une immense influence; eh bien, dans cette affaire encore sa culpabilité ne nous est nullement démontrée. En effet, madame de Léautaud a déclaré sous la foi du serment que depuis 1836 ses relations avaient cessé avec Clavé; et voilà que, dans sa plaidoierie, Me Bac produit des lettres qui prouveraient qu'elle n'a pas dit la vérité, et que ces relations existaient encore en 1839. Une de ces lettres, datée d'Alger est de M. Pouthier, oncle par alliance de Lafarge, et qu'ainsi on ne peut taxer de partialité. Cette lettre est adressée à Mᵉ Lachaud, et l'informe qu'ayant appris qu'il y avait un monsieur Clavet à Alger, il avait pris auprès de lui des renseignements au sujet de M. Clavé, dont le nom avait été prononcé dans le procès de mesdames Lafarge et de Léautaud. Ce dernier lui déclara n'être nullement son parent; mais il lui fit part d'une circonstance qui pouvait être du plus haut intérêt pour madame Lafarge. M. Lachaud écrivit immédiatement au procureur général à Alger M. Henriot, pour qu'il eût à vouloir bien faire citer à comparaître le sieur Clavet à l'audience de la cour d'assises de la Corrèze, du 3 septembre. Le procureur général répondit que M. Clavet était tout disposé à comparaître, mais que dans l'impossibilité où il était d'arriver à Tulle avant le 15 septembre, au plus tôt, il jugeait plus convenable de lui envoyer sa déposition par écrit. Voici la déclaration de Clavet adressée à M. le procureur général et transmise par ce dernier à Mᵉ Lachaud :

« J'ai reçu vers le mois de novembre ou décembre 1839 une boîte à mon adresse; mais, doutant si elle était effectivement pour moi, je cherchai, avant de l'ouvrir, s'il y avait ici quelqu'un qui portait mon nom. En effet je trouvai à l'hôtel de la Régence à Alger M. Félix Clavé, auquel je présentai la boîte, qu'il affirma être pour lui, venir de madame la comtesse de Léautaud et contenir des couleurs. Je la lui remis, et me retirai. »

Or, nous ne voyons pas qu'il y ait impossibilité à ce que madame Lafarge ait été véritablement chargée par madame de Léautaud de remettre aussi bien à M. Clavé son écrin, qu'elle-même lui faisait parvenir des envois d'un autre genre.

L'accusation cependant n'a épargné à madame Lafarge aucune angoisse, aucun supplice, aucune torture; quand elle était là, clouée sur son banc d'infamie par d'atroces souffrances, mourante, râlant presque son dernier souffle, l'avocat-général a pris son courage à deux mains pour l'accabler sous le poids des épithètes les plus outrageantes; il a pris plaisir à retourner dans ce cœur déjà si déchiré, le glaive de sa parole toujours ennemie, toujours vindicative, toujours haineuse. Il a appelé monstre de perversité, réceptacle impur de toutes les mauvaises passions, cette femme qu'un vieux prêtre est venu au pied du tribunal proclamer un ange, la providence des malheureux. Il a jeté sur tous ses antécédents de jeune fille de la fange et de la boue, sans prendre garde, qu'à côté de ses allégations d'audience, il y avait de nobles, de respectables témoignages. Il serait en vérité étonnant, si madame Lafarge était telle que M. l'avocat-général l'a dépeinte, qu'elle fût ainsi l'objet d'un si vif attachement de la part de madame la vicomtesse de Montesquiou, de madame de Valence, de MM. les duc de Dalmatie, marquis de Mornay et maréchal Gérard, qui se plaisent à rendre publiquement hommage à ses excellentes qualités. Nous citerons à cet égard quelques lettres qui ont été adressées à Me Paillet, défenseur de madame Lafarge, par ces illustres personnages :

### Lettre de M. le marquis de Mornay, gendre du maréchal Soult.

Je n'avais qu'une appréciation morale à faire de la vie de mademoiselle Cappelle, étant lié depuis longues années avec toute sa famille, et à cet égard je n'hésiterai pas à proclamer, aujourd'hui plus que jamais, les droits qu'elle s'était acquis à l'estime publique et à l'affection de tout ce qui l'entourait, tant par son dévouement et sa tendresse pour les siens, que par les sentiments d'humanité et de générosité dont elle a donné plus d'une preuve. Tant de nobles qualités doivent être, jusqu'à ce moment, pour des hommes impartiaux, une garantie contre les horribles soupçons qui s'élèvent aujourd'hui contre elle, et, pour mon compte, je les repousse, jusqu'à ce que l'évidence me soit apportée.

Beauvais, 26 août 1840.

Nous demandons si cette évidence existe.

### Lettre de madame la vicomtesse de Montesquiou.

Il y a plus de trente ans que M. de Montesquiou est en relation de voisinage et d'amitié avec la famille de mademoiselle Cappelle; depuis plus de vingt ans que j'habite le même pays, les mêmes liens se sont établis entre moi et les siens, et sans m'étendre ici sur mon attachement pour eux tous, je dirai que la mère de mademoiselle Cappelle étant plus habituellement chez son père, M. Collard, mes relations d'intimité ont été plus particulières avec elle. De là mon intérêt et mon affection pour sa fille, que j'ai pu observer de bonne heure, et chez laquelle j'ai constamment reconnu des sentiments de douceur, d'extrême bonté pour tous ceux qui avaient recours à elle. Sa mère lui avait appris, dès son enfance, à se faire aimer de ce qui l'entourait, à soigner les pauvres dans leurs maladies, à les aider dans leurs besoins avec une charité sans ostentation qu'on lui a toujours vue exercer depuis. J'avoue que toutes ses bonnes et nobles qualités ont fait encore plus d'impression sur moi que les agréments de son esprit, et le témoignage que je leur rends aujourd'hui ne sera certainement démenti par aucun habitant du pays, où elle a reçu mille preuves d'un attachement personnel.

A la mort de son grand-père, vers la fin de 1838, la santé de Marie Cappelle, déjà mauvaise, s'étant altérée de plus en plus, je l'ai demandée à sa famille dans l'espoir que nos soins et notre amitié pourraient adoucir l'amertume de si justes regrets; elle a été avec nous un mois traitée en enfant de la maison; vous comprendrez que je ne parle de cette circonstance que pour mieux indiquer encore la nature des sentiments qu'elle nous inspirait; l'hiver suivant et tout le temps qui s'est écoulé depuis son mariage, nos relations sont restées ce qu'elles étaient précédemment; depuis cette époque nous ne nous sommes pas revues. J'ai seulement reçu de madame Lafarge deux lettres, dans lesquelles, aussi bien que tout autre échange de procédé que nous avons eu ensemble, je puis affirmer que je n'ai jamais rien trouvé qui ne fût propre à justifier mon affection pour elle.

Long-Pont, ce 6 août 1840.

LETTRE DE MADAME LA VICOMTESSE DE VALENCE, BELLE-MÈRE DU MARÉCHAL GÉRARD.

Je m'empresse, Monsieur, de répondre à votre lettre, et je vous remercie de me donner une occasion de vous dire tout ce que je sais de relatif aux antécédents de la malheureuse veuve Lafarge, parce que je n'ai rien à dire que de favorable sur elle, et tout ce que j'en connais me fait repousser, avec un profond étonnement, toutes les affreuses inculpations qui pèsent sur son compte. Tant que la loi ne l'aura pas jugée, je la croirai innocente, et elle aura toute ma pitié et tout mon intérêt, car il n'a pu qu'augmenter pour elle en la voyant si malheureuse!

Voici mes rapports avec elle : Sa grand'-mère était mon amie intime et de cœur, sa mère était ma filleule ; Marie Cappelle, suivant sa mère dans les diverses garnisons où servait M. Cappelle, son père, colonel d'artillerie, j'ai eu peu d'occasions de suivre son enfance et sa première jeunesse ; devenue orpheline en peu d'années par la perte successive de son père et de sa mère, ce fut alors qu'elle vint à Paris habiter chez ses tantes, et je la vis davantage. Je la trouvai ce qu'elle est, en effet, douce, bonne, aimable, du plus charmant caractère, et se faisant aimer de tout le monde : je l'aimais d'abord en souvenir de sa grand'-mère et de sa mère, ensuite pour elle ; je l'engageai à venir passer quelque temps chez moi ; elle y vint, et sa société me fut agréable sous tous les rapports.

Je ne vis en elle que de bons et nobles

sentiments, et je peux dire avec une entière vérité que je n'eus pas le plus léger reproche à lui faire. Elle me parut toujours bonne, sensible, d'un caractère aimant, désintéressée et d'une inaliérable douceur; ce qui, joint à de charments talents, rendait sa société aussi agréable qu'attachante. Elle passa plusieurs mois avec moi. Je fus obligée ensuite pour ma santé d'aller passer un hiver à Nice; j'avais un grand désir d'emmener Marie avec moi, et elle le désirait aussi; j'en parlai aussi à ses tantes, qui me représentèrent avec raison qu'une absence de six mois pouvait lui faire manquer l'occasion d'un établissement; je trouvai cette objection raisonnable, et je dus y céder, mais je regrettais beaucoup de partir sans elle.

Depuis mon retour je l'ai peu vue, elle resta long-temps dans une terre, près de son grand-père, à le soigner avec l'affection la plus continuelle et la plus vive ; il mourut dans ses bras. J'appris peu de temps après son mariage !... Ce 30 juin 1840. »

LETTRE DE M. LE MARÉCHAL GÉRARD.

Lié depuis bien des années avec la famille de Marie Capelle, ce n'est pas sans éprouver les sentiments les plus pénibles que j'ai appris les affreuses accusations qui, depuis plusieurs mois, n'ont cessé de s'accumuler sur la tête de cette infortunée ; j'ai déploré bien vivement le malheur d'une existence si cruellement accablée, et j'ai, comme tous ses amis, fondé des espérances consolantes sur la conviction que vous n'avez cessé de conserver de son innocence. S'il s'agit de rendre hommage aux aimables qualités de Marie Cappelle ; si c'est ce témoignage que vous invoquez de moi, je le porterai sans hésitation, et je dirai, en toute sincérité, que cette jeune personne, que j'ai vue pendant le temps qu'elle a passé après la mort de sa mère chez ma belle-mère, madame de Valence, possédait tous les charmes de caractère qui font le bonheur d'un intérieur de famille. Je l'ai connue constamment douce, obligeante, égale et empressée à rendre service à tout le monde. Il est à ma connaissance que quelques mois plus tard elle alla demeurer dans une terre près de Villers-Cotterets, chez M. Collard, son grand-père, et qu'elle soigna ce vieillard jusqu'à sa mort avec le plus tendre dévoûment. Je sais qu'elle était aimée des nombreux amis de sa famille, et que l'attachement des domestiques lui était acquis. »

Hâtons-nous de le reconnaître, si le sort de madame Lafarge intéresse si vivement tant de personnes, si recommandables par leur rang et par la haute considération qui les environne, c'est que Marie Cappelle s'en était rendue véritablement digne, c'est que les antécédents de la jeune fille répondent des faits et gestes de la femme, et rendent peu probable le crime affreux pour lequel elle a été condamnée.

Nous n'avons pas, il est vrai, assisté aux débats, notre œil n'a point suivi sur les lieux toutes les phases de ce terrible drame; toutes les émotions de l'audience ne nous sont parvenues qu'affaiblies par la distance; nous n'avons pu interroger ni la physionomie des témoins ni celle de l'accusée, saisir toutes ces nuances, tous ces incidents qui mettent sur la voie de la vérité; aussi le crime, s'il y a crime, dont Lafarge a été victime, est-il encore pour nous couvert d'un mystère impénétrable.

Nous terminerons par une dernière réflexion. On avait mis au Glandier, ainsi que nous l'avons déjà dit, de l'arsenic partout, dans cette guerre d'extermination que madame Lafarge avait déclarée aux rats; eh bien! cet arsenic qui passe entre tant de mains, qui a tant de ressemblance avec cette poudre de gomme dont madame Lafarge fait un continuel usage, avec ce bi carbonate de soude qui se produit aussi là on ne sait pourquoi, n'a-t-il pu se trouver, par une de ces fatalités qui arrivent quelquefois, melé avec ces deux substances, et quand madame Lafarge croyait mettre dans les boissons de son mari une poudre bienfaisante, n'a-t-elle pas pu lui verser en effet du poison, sans le savoir? Et pourtant elle a été condamnée AUX TRAVAUX FORCÉS A PERPÉTUITÉ, ET A L'EXPOSITION.

O. F.

*P. S.* Nous apprenons que ses défenseurs en ont appelé, et que madame Lafarge a signé son pourvoi.

PARIS. — IMPRIMERIE DE TERZUOLO, RUE MADAME, 30.

www.ingramcontent.com/pod-product-compliance
Lightning Source LLC
LaVergne TN
LVHW020448230826
846091LV00004B/1595
* 9 7 8 2 0 1 3 6 1 3 9 6 5 *